Manipulación

-Psicología oscura-

Cómo analizar a las personas e influenciarlas para que hagan lo que quieras usando la PNL y la persuasión subliminal

Manipulación

Copyright 2020 por R.J. Anderson - Todos los derechos reservados.

El siguiente libro se reproduce con el objetivo de proporcionar información lo más precisa y fiable posible. Sin embargo, la compra de este libro puede ser vista como un consentimiento al hecho de que tanto el editor como el autor de este libro no son de ninguna manera expertos en los temas tratados en él y que cualquier recomendación o sugerencia que se haga aquí es sólo para fines de entretenimiento. Los profesionales deben ser consultados según sea necesario antes de llevar a cabo cualquiera de las acciones aquí respaldadas.

Esta declaración es considerada justa y válida tanto por la Asociación Americana de Abogados como por el Comité de la Asociación de Editores y es legalmente vinculante en todo el territorio de los Estados Unidos.

Además, la transmisión, duplicación o reproducción de cualquiera de las siguientes obras, incluida la información específica, se considerará un acto ilegal, independientemente de que se realice electrónicamente o en forma impresa. Esto se extiende a la creación de una copia secundaria o terciaria de la obra o una copia registrada y sólo se permite con el consentimiento expreso y por escrito del Editor. Se reservan todos los derechos adicionales.

La información que figura en las siguientes páginas se considera en general una exposición veraz y precisa de los hechos y, como tal, toda falta de atención, utilización o uso indebido de la información en cuestión por parte del lector hará que las acciones resultantes queden únicamente bajo su competencia. No hay ningún escenario en el que el editor o el autor original de esta obra pueda ser considerado de alguna manera responsable de cualquier dificultad o daño que pueda ocurrirles después de emprender la información aquí descrita.

Además, la información que figura en las siguientes páginas tiene fines exclusivamente informativos y, por lo tanto, debe considerarse universal. Como corresponde a su naturaleza, se presenta sin garantías sobre su validez prolongada o su calidad provisional. Las marcas comerciales que se mencionan se hacen sin consentimiento escrito y no pueden considerarse en modo alguno como una aprobación del titular de la marca.

Índice

Introducción 1

Capítulo 1: Programación Neuro-Lingüística: ¿Qué es la PNL? 3

    Antecedentes: 3

    Construir una relación con alguien 4

    Escuchar y ver 5

    Actúa con honestidad 10

Capítulo 2: Persuasión subliminal 14

    Imagina esto: 15

Capítulo 3: Lectura en frío 19

Capítulo 4: Análisis 27

    Elección de palabras 28

    Lenguaje corporal 32

    Comportamiento 35

    Vibras 38

    Apariencia 40

Capítulo 5: Persuasión 43

    Sé observador 44

    Honestidad y confianza 44

    Sobrevender tu idea 46

    Simplifica demasiado tu idea 47

- Ponte en una posición neutral 48
- Cambia el entorno a tu favor 49
- Habla rápido. 50
- Persuadirlos antes de tiempo 50
- En caso de duda, cobra un favor 51
- **Las sorpresas.** 53
- El chantaje existe 53
- Lo que la gente hace subconscientemente 55
- Cambia el teléfono. 56
- Imita el lenguaje corporal 58
- **Presta atención** 59
- Aprovechaa la confusión 60
- Mentira 61
- La paradoja de Ellsberg 63
- Influencia del grupo 64
- **Presenta primero los puntos de venta más altos** 65
- Contrasta sus peticiones 66
- Tiempo limitado 67
- La técnica de "Pero eres libre" 69
- Usar una experiencia relacionada 70
- Funcionó antes, funcionará de nuevo 70

Conclusión 72
Gracias 74

Introducción

Felicitaciones por la compra de Manipulación-Psicología oscura-Cómo analizar a las personas e influenciarlas para que hagan lo que quieras usando la PNL y la persuasión subliminal y gracias por haberlo hecho.

Los capítulos que siguen te proporcionarán todo lo que necesitas saber para doblar las ideas de la gente a tu voluntad. Aprenderás tres técnicas diferentes de psicología oscura que se convertirán en las principales herramientas que necesitarás. Primero aprenderás sobre la programación neuro-lingüística, o PNL. Esto construirá los cimientos para todo lo demás, así que es importante entenderlo. Aunque te saltes los otros capítulos, asegúrate de recordar que no debes saltarte el capítulo uno. El segundo es la persuasión subliminal, que es algo con lo que estás bastante familiarizado, aunque no lo sepas. Cada vez que compras una barra de caramelo porque el paquete se ve bien, caes en esta persuasión. La tercera es una discusión sobre la

Manipulación

lectura en frío. Esta es otra táctica que al menos has escuchado antes. Cada vez que oyes hablar a un médium, un psíquico o ves una película de detectives, oyes hablar de la lectura en frío. Aquí no sólo aprenderás lo que es, sino también cómo puedes usarlo para tu propio beneficio. Más allá de eso, aprenderás sobre las diferentes maneras en que puedes analizar a las personas tanto de lejos como de cerca, para que puedas aprender las mejores maneras de trabajar con ellos antes de que el capítulo final lo ponga todo junto. Dentro del capítulo final hay diferentes consejos, trucos y técnicas para lograr lo que quieres.

Hay muchos libros sobre este tema en el mercado, gracias de nuevo por elegir este. Se ha hecho todo lo posible para asegurar que esté lleno de tanta información útil como sea posible, por favor disfrútalo.

Capítulo 1: Programación Neuro-Lingüística: ¿Qué es la PNL?

Antecedentes:

Creada por Richard Bandler y John Grinder en los años 70, la programación neuro-lingüística, o PNL, ha sido discutida por científicos, hipnotizadores, e incluso usuarios de trucos de "magia" de salón. La PNL ha sido utilizada en la medicina alternativa para tratar enfermedades como el Parkinson. También se ha utilizado en psicoterapia, publicidad, ventas, gestión, entrenamiento, enseñanza, formación de equipos y oratoria. Sí, cada una de estas categorías es una forma de manipulación hasta cierto punto. No puedes ir a una clase, a la tienda de comestibles, o incluso a un restaurante sin estar sujeto a alguna forma de manipulación. No importa dónde estés, no puedes escapar de ello. Está presente en los carteles publicitarios, la táctica de ese vendedor de negocios que te detiene en el centro comercial, la colocación del producto en la película que estás viendo, y en todos los demás lugares. Sin embargo, en lugar de tener miedo de este conocimiento, puedes usarlo a tu favor y redirigir esa manipulación como el poseedor.

Sin embargo, no compraste este libro para aprender para qué otras personas pueden usar la PNL. Quieres saber los beneficios para ti mismo, ¿correcto? Bueno, para poner apropiadamente la PNL en uso y manipular a la gente para que haga tu voluntad, necesitas entender como funciona la PNL y que pasos debes tomar para llegar a la etapa final de la persuasión. Este capítulo explica exactamente lo que necesitas saber paso a paso, comenzando con la construcción de la relación.

Construir una relación con alguien

Así como un terapeuta comienza su plan de tratamiento construyendo una relación con sus clientes, necesitas construir una base de confianza con la persona que deseas persuadir. No aceptarás muchos consejos de ese terapeuta si empieza a disparar cambios de vida y nuevas reglas a seguir desde el momento en que te sientas en tu primera sesión. Es probable que te vayas segundos después, y la carrera de ese terapeuta no durará mucho más. Las mismas reglas se aplican cuando quieres trabajar la manipulación en otra persona. Es importante estar atento y escuchar lo que la otra persona está diciendo. Vigilar su lenguaje corporal y escuchar sus palabras. Necesitarás esta información para el capítulo de análisis, ya que lo que una persona dice y cómo actúa es vital para entenderla. Desarrolla algo de confianza comportándote de forma honesta y genuina. Sé cálido y amigable para que te sientas cómodo en tu entorno. Cada persona es un poco diferente, y cada mente está formada por una serie de eventos, situaciones y experiencias que conforman lo que son. Sin algo de esta información crucial, no sabrás exactamente qué estrategias usar cuando llegue el momento de persuadirlos. Para obtener esta información, necesitas desarrollar una relación con ellos.

Escuchar y ver

Este es el paso que más tiempo consume, ya que es la base de la construcción de la estructura para la relación más íntima que construirá más tarde. Puedes hacer esto con el uso del psicoanálisis, que se explica más a fondo en el capítulo cuatro. Necesitarás aprender el lenguaje corporal, las emociones, la historia y las reacciones al estrés de esta persona. El lenguaje corporal es esencial para las prácticas de PNL. No sólo es vital para el comienzo, sino que, saber leer el lenguaje corporal entra en juego a lo largo de todo el proceso de PNL y cualquier otro proceso psicológico. Afortunadamente, mientras más tiempo se construya una relación con alguien, más fácil será saber lo que dice, ya que se desarrolla a partir del hábito. Algunas personas pueden estar vigiladas a su alrededor, lo que aparecerá como hombros y espalda tensos o rectos, sin mantener la mirada, o incluso inquieta. Esta es una señal de que no estás construyendo la relación vital. Antes de seguir adelante, esta persona necesita sentirse relajada y cálida a su alrededor. Busque una cara abierta, una sonrisa relajada y alguna interacción fácil como una risa ligera. Mantente alejado de los temas pesados hasta que esta persona se sienta cómoda contigo.

Vigilar las emociones de una persona puede ser difícil, ya que la gente no siente sólo una a la vez. Su emoción superficial, que es lo que se puede leer fácilmente, se muestra en su cara y en su lenguaje corporal. Por ejemplo, si una persona se siente irritada, su cara estará apretada, sus ojos estarán abatidos, y puede cruzar los brazos sobre su pecho. Lo que está debajo de la superficie, a menudo es más complicado. Dependiendo de lo bien que esta persona haya desarrollado su capacidad para ocultar la emoción, puede ser guardada de cerca y bien escondida. Las emociones más profundas pueden ser la soledad, la pena o la ansiedad. Conocer estas emociones más profundas llevará tiempo, observación y confianza.

Cuando se trata de emociones, el mejor lugar para mirar son los ojos de una persona. Muchos han llamado a los ojos la puerta de entrada al alma y lo han hecho con razón. La emoción se muestra a menudo en los ojos de alguna forma. Si una persona es feliz, sus ojos se mantienen más abiertos y la luz adicional crea la ilusión chispeante que a menudo se refiere a la felicidad en los ojos. Si una persona se siente derrotada o agotada, sus párpados se cierran más abajo sobre sus ojos, lo que hará que se vean más oscuros. Los ojos también te mostrarán cuán cercana es realmente tu conexión, ya que el contacto visual es un indicador importante de que la gente es genuina y escucha sus palabras.

El entusiasmo es un factor clave en la persuasión. Mientras se conoce a alguien, deja salir algo de pasión. Los que se apasionan por ciertos temas aparecen como líderes naturales. Cuando se trata de persuadir a alguien, hay que usar un cierto nivel de entusiasmo, sin embargo no debe parecer fuera de lugar en el momento. Cuando alguien está hablando, muestre interés. Este rasgo debe aparecer cuando la otra persona está discutiendo sus intereses personales, así como cuando usted muestra los suyos propios. Expresa tus pasiones. Cuando quieras convencerlos de algo más tarde, necesitarás algo de esa intensa pasión para venderles con éxito tu idea.

Las respuestas al estrés, que es importante comprender, aparecen de tres maneras diferentes. Sobrecompensar, como actuar con fuerza y sin afectación durante un momento de duelo, subcompensar, que es el acto de dar indicaciones obvias de una emoción, y mecanismos de afrontamiento. La sobrecompensación y la subcompensación son universalmente similares y suelen ser de este a oeste. Si ves a alguien actuando anormalmente feliz en una situación menos que feliz, es seguro decir que está sobrecompensando. Si una persona sombría es casi teatral al mostrar su humor amargo, está compensando menos de lo esperado. Ambos salen por diferentes razones, y no todos son conscientes de que lo están haciendo. Los mecanismos de afrontamiento, sin embargo, se desarrollan a lo largo del tiempo y normalmente se producen a partir de un acto, o una serie de actos, de trauma. Un mecanismo común de afrontamiento es apartar a aquellos que pueden querer acercarse emocionalmente. Este mecanismo suele desarrollarse a partir del acto repetido de la traición, enseñando a un joven que cualquiera que desee ser cariñoso con él tiene un motivo oculto más oscuro y no se puede confiar en él. Romper estas barreras llevará a una relación más profunda y a una conexión más estrecha. También verá una versión más abierta de la otra persona, y sus palabras serán más genuinas. La forma de hacerlo es ser honesto cuando esta persona menos lo espera y permanecer presente. Si el mecanismo de afrontamiento no funciona, la persona eventualmente dejará de intentarlo.

Actúa con honestidad

Dando la ilusión de honestidad y actuando con genuina intención detrás de cada acción hará que parezcas real y digno de confianza. Recuerden, sorpréndanlos siendo honestos cuando menos se espera. De esa manera, parecerás una persona genuina por naturaleza. A estas alturas, deberías conocer el lenguaje corporal de esta persona lo suficientemente bien como para copiarlo como propio. Sin embargo, no lo hagas, obviamente, ya que puede parecer una burla. Reflejar algo del lenguaje corporal del otro hará que esta persona esté más abierta a lo que usted dice sin que lo sepa conscientemente. También parecerá que se puede relacionar, lo que fortalecerá la conexión que ha estado construyendo. Otra forma de relacionarse es compartiendo alguna información personal. Cuando alguien siente la vulnerabilidad en otro, se sentirá más inclinado a ser vulnerable en respuesta. A estas alturas, esta relación debería ser más profunda e íntima. Puedes empezar a usar técnicas de manipulación.

La palabra "manipulación" se considera a menudo como una palabra negativa y se clasifica estrictamente en la categoría de inmoral. La triste verdad es que la manipulación a menudo se utiliza por razones moralmente erróneas y de manera cruel. Sin embargo, la forma en que se usa la manipulación depende enteramente de cómo se usa. Puedes usar la manipulación para ayudar a una persona tanto como para dañarla. Por ejemplo, conocí a una persona que había crecido con una relación rota con su padre. Un año antes de que muriera, se enteró de que su tiempo de vida era limitado, sin embargo no dio ninguna indicación de que iba a ver o hablar con él. Como ya había desarrollado una relación estrecha con ella, sabía que sus emociones estaban dispersas sobre el tema, y sus elecciones de palabras como "habría" y "podría" sugerían que una parte de ella deseaba hablar con él y obtener algún tipo de conclusión sobre sus elecciones parentales. Ella era inflexible en dejar las cosas como estaban y dejarlo pasar sin una palabra hablada entre ellos. Le ofrecí una historia similar a la que yo había vivido y le recalqué lo mucho más saludable que me sentía como persona cuando dejaba salir todos mis sentimientos. Incluso razoné que podría tener una disculpa o explicación que le ayudara a entenderlo si hablaba con él. Hice hincapié en que nada de lo que él pueda decir excusa su acción, aunque entender por qué sucedieron podría ayudarla a seguir adelante. Ella tuvo una conversación con él y me ha dado las gracias en múltiples ocasiones, cuando se enteró de su enfermedad mental paralizante. Sobrepasar un punto, como lo hice yo, acercarse a la persona de una manera afín y ofrecer información lógica son tácticas que pueden persuadir a otro para que vea su punto como lógico. Si no hubiera explicado mi propia historia personal, ella podría haber elegido no hablar con su padre a pesar de mis puntos lógicos. He usado mis habilidades de persuasión para ayudarla a mejorar sus puntos de vista sobre su padre y ofrecer algo de consuelo antes de que falleciera. Aunque mis acciones son vistas como manipulación, la forma en que la usé no fue inmoral.

Hay áreas grises cuando se trata de la manipulación, por supuesto, ya que a menudo la razón para persuadir a alguien es porque no quiere hacer lo que tu sugieres. A veces, la única persona que puede juzgar si el acto es moralmente correcto o no, eres tú. Usa estas habilidades con tu mejor criterio y planifica las consecuencias antes de actuar para no terminar con arrepentimientos.

Capítulo 2: Persuasión subliminal

En nuestro mundo, la persuasión subliminal está en todas partes. No puedes ver la televisión, leer una revista, o incluso dar una vuelta por la ciudad sin encontrarla. La definición de la persuasión subliminal es el uso de objetos, fotos, palabras u otros medios para persuadir a alguien a hacer algo o poner una idea en su cabeza sin que sepa conscientemente lo que has hecho. Un ejemplo común de esto es la publicidad. Cuando ves o escuchas los puntos que se plantean cuando alguien intenta venderte un producto, tu mente puede pensar que el producto es atractivo. Normalmente no sabrás que las técnicas utilizadas en la publicidad son la razón por la que sientes que necesitas su producto. A menudo no habrías comprado este artículo de otra manera. A continuación se muestra un ejemplo de cómo funciona esta técnica publicitaria.

Imagina esto:

Un vaso de refresco se muestra delante de ti rodeado de colores cálidos. Está perfectamente carbonatada, ya que se hace hincapié en las infinitas burbujas que se abren camino hasta la parte superior de la botella. A medida que se abre, el sonido del carbono liberado sale de la botella. Es un día perfecto sin una nube a la vista, y los rayos dorados del sol brillan en lo alto. El resplandor del sol brilla en la cristalería prístina. La bebida está tan fría en contraste con el día caluroso que la precipitación se ha formado en gotas de agua gorda que se deslizan lentamente por el vaso y siguen la forma perfecta para encajar en una mano. Cuando una modelo lleva la bebida a sus labios, sólo una gota se escapa y se desliza por su barbilla y atrapa la luz dorada del sol mientras cae, lentamente fuera del marco. Los ojos de la modelo se deslizan cerrados lentamente con pura felicidad y satisfacción. La cámara se concentra en los músculos de su cuello que se contraen y estiran, y mientras deja la bebida se forma una sonrisa en su rostro.

Manipulación

Puede que no estés en una zona cálida, ni quieras particularmente un refresco ahora mismo. Sin embargo, esa descripción fue seguida por tu mente y puede que tengas más sed que antes de leerla. Esto es porque mis palabras usaron la persuasión subliminal para hacerte querer el refresco que fue descrito. Has visto anuncios como este muchas veces, y podrían haber funcionado. Nunca una bebida fría muestra tanta precipitación como en la foto de un anuncio a menos que haya estado en el agua. Sin embargo, debido a que el cuerpo anhela el líquido cuando estamos incluso un poco deshidratados, la mirada apelará a ese deseo natural. Incluso si lo que el cuerpo quiere es agua, este anuncio lo atraerá por las gotitas de agua poco realistas que se han formado en la lata o la botella.

Cuando se utiliza esta táctica en forma de manipulación de otra persona, hay algunas formas diferentes de hacerlo. Por ejemplo, si creas un sentido de "nosotros" e igualdad en la petición, se siente más inclusivo. Cuando los vendedores y los anunciantes trabajan, a menudo crean la idea de que el producto les beneficia a ellos y a ti como consumidor. Hablan como si al comprar su producto, no sólo se obtiene el beneficio de tener el producto que ellos creen que se necesita, sino que ellos estarán más contentos por ello. Si redactas la petición de una forma que te atraiga tanto a ti como a la otra persona, es más probable que consigas tu objetivo. Esta forma de persuasión también puede combinarse bien con técnicas de lectura en frío, ya que ambas implican que la otra persona crea algo sin que usted le ofrezca la información directamente. La lectura en frío se explica con más detalle en el siguiente capítulo, así como un ejemplo de cómo se puede utilizar para poner una idea en la mente de alguien para demostrar cómo puede beneficiar a cualquiera en la industria de las ventas.

Otra forma de persuasión es la obtención de favores. La deuda es una constante en este mundo, y no siempre significa dinero. Si has hecho algo por la otra persona recientemente, y te has ganado una forma de gratitud, es probable que se sientan en deuda contigo y por lo tanto, más obligados a llevar a cabo tu petición. Por ejemplo, si salvas a esta persona de una situación embarazosa, como prestarle una chaqueta cuando se le ha caído una bebida por la camisa, puedes pedirle un favor a cambio más adelante. Como has mostrado una amabilidad sin razón aparente que ellos puedan ver, sentirán la necesidad de tomar represalias por la amabilidad. Los favores pueden ser tan grandes como salvar la vida de alguien, o incluso tan pequeños como un buen consejo. Cada acto no tiene por qué ser un sacrificio total. De hecho, no debería serlo. Si alguien capta un indicio de engaño o motivos ocultos cuando alguien está mostrando tal bondad, se sentirá desconfiado hacia usted, y perderá la relación por la que ha trabajado hasta ahora. Cada acto, como se menciona en el capítulo uno, debe sentirse y parecer genuino.

Tu mismo puedes usar este tipo de técnica de persuasión para hacer que la gente haga lo que quieras, siempre que lo hagas sutilmente. Los ejemplos y consejos sobre cómo hacerlo se discutirán con más profundidad en el capítulo cinco.

Capítulo 3: Lectura en frío

Se sabe que la lectura en frío es el mejor amigo de un estafador. Proporciona la ilusión de la lectura de la mente y habilidades mágicas sin el uso de un poder sobrenatural real. A menudo es utilizada por aquellos que se ganan la vida a través de la adivinación y los actos psíquicos. Mucha gente se ha convencido completamente del acto, ya que normalmente lo realiza alguien que sobresale en la lectura de otros, ha adquirido suficiente conocimiento general y ha practicado lo suficiente como para ofrecer una actuación muy creíble. Sin embargo, tal acto es en realidad sólo una forma de psicología, y usted podría crear este acto usted mismo si lo desea. Lo harías creando la ilusión de saber más de lo que realmente sabes a través del poder de la observación. Hay diferentes nombres para las diferentes técnicas. El número de personas presentes decide cómo debes abordarlo. El tiroteo, por ejemplo, se hace en una gran sala llena de gente. Esto es a menudo la elección de los medios que están creando la ilusión de conectar con un ser querido fallecido, porque digan lo que digan, es probable que haya alguien que pueda relacionarse con la declaración. Cuando el médium dice algunas frases, generalmente vagas, como "Me estoy conectando con un anciano... me viene a la mente el nombre de John o Jack". ¿Habla con alguien?" Él o ella observa a cualquiera que exprese reconocimiento. Los nombres Jack y John son muy comunes, y mucha gente ha perdido un abuelo en su tiempo. El médium escoge a una persona y observa su rostro cuidadosamente. Aquí es donde interviene la verdadera psicología. La lectura del lenguaje corporal es esencial para mantener el engaño, ya que el médium tendrá que reducir las descripciones de los miembros de la audiencia amados. Si, por ejemplo, el médium dice algo sobre una valla blanca, pero no le resulta familiar a esta persona, tendrá que cambiar cuidadosamente su táctica. Puede explicar que nunca vivió dentro de una valla blanca, pero que quería hacerlo, o que otro pariente también estaba presente. Si el miembro de la audiencia está de acuerdo o parece emocionado, este medio sabrá que se están calentando. Este acto continúa, e incluso se salpica con lo que se conoce como artimañas de arco iris. Estas son frases contradictorias como "Era un hombre gentil, sin embargo ocasionalmente mostraba un lado severo". La mayoría de la gente ha experimentado estos momentos contradictorios en su personalidad, sin embargo la elección de la palabra se siente tan específica que parece como si sólo se aplicara al supuesto espíritu al que el hombre o la mujer se refiere.

Otro método de lectura en frío, que puede ser más adecuado para una población más pequeña, es utilizar los conocimientos previos al observar el comportamiento de alguien. Este método se utiliza a menudo en los dramas de detectives, ya que el acto es dramático y excitante de observar, y el personaje parece inteligente y astuto. Sin embargo, es más fácil de lo que parece, ya que sólo se necesita una aguda capacidad de observación. Por ejemplo, si conoces a una persona nueva y notas que hay grafito manchado a lo largo del lado de su mano izquierda, sabrás que es zurdo, ya que los que son zurdos dominantes deben arrastrar su mano a lo largo de las palabras previamente escritas para continuar escribiendo. Como zurdo que soy, lo sabría. Este fenómeno, que ha sido llamado en broma "El Síndrome del Surfista Plateado", es un indicio incuestionable de que esta persona es zurda, y puede decirlo con confianza mientras le da la mano. La afirmación confiada sorprenderá a esta persona, y no se le ocurrirá buscar indicadores físicos. Esto puede ser usado como un truco divertido para divertir a los demás, o como un factor de choque para llevar a cabo una técnica persuasiva, ya que los que han sido sorprendidos recientemente no siempre piensan en todos los factores de una decisión.

La lectura en frío, como cualquier otra táctica de manipulación, puede ser usada en cualquiera. Y así es. Mucha gente que se estudia en las formas de la lectura en frío la ha usado como carrera, como psíquicos, adivinos, y cualquier tipo de estafador. Una configuración tan complicada no es necesaria para añadir esta habilidad a tu propia caja de herramientas, ya que sólo necesitas tu propia observación y factor de choque. Otro ejemplo es que si ves a alguien que quizás ya conozcas que es un estudiante, puedes exclamar con confianza que estaba estudiando hasta tarde y se quedó dormido en su trabajo mientras notas la huella del trabajo de matemáticas en su oído izquierdo. Estas sutiles observaciones se acumulan con el tiempo, y puedes ganar una reputación con esa persona. Cuanto más conozcas a alguien, más información de fondo tendrás almacenada. Por ejemplo, digamos que tienes un amigo llamado Kyle. Kyle es un padre soltero de una adorable niña de seis años con la que pasa cada momento que puede. Para apoyarla, trabaja en un agotador trabajo de escritorio donde archiva papeleo todo el día y recibe llamadas telefónicas groseras. Sabes que le gusta el café ligero con mucho edulcorante, y que es diestro.

Hoy, Kyle llega con un gran café en su mano izquierda. Ustedes dos siempre se reúnen todos los martes alrededor de las diez de la mañana. Hoy, son casi las once. En la parte de atrás de su coche hay un cepillo de pelo rosa. Cuando se acerca lo suficiente para saludarte, hueles el

Manipulación

fuerte aroma del café negro que sale de su taza, y puedes ver que su ropa está arrugada. Sin preguntarle, ¿qué puedes deducir de su situación?

Creo que su jefe lo retuvo hasta muy tarde y se amontonó en el trabajo la noche anterior. Ya ha tenido recortes de papel antes, sin embargo, incluso el ligero toque de su café parece ser demasiado doloroso esta vez, así que estaba trabajando tan rápido como podía. Aún así, llegó a casa tarde esa noche y se quedó dormido a la mañana siguiente. Corriendo para llevarla a la escuela, Kyle probablemente tiró el cepillo de su hija para que ella hiciera lo mejor con su pelo de camino a la escuela. Debido a su agotamiento, se detuvo a comprar un café mucho más fuerte de lo que le gusta antes de reunirse contigo. Por supuesto, hay otros indicadores que no se mencionaron en el ejemplo. Las situaciones que se encuentren observando variarán, así como los indicadores que noten.

También puedes usar la lectura en frío para reunir información que realmente no tienes, actuando como si la tuvieras. Por ejemplo, si eres un vendedor en una tienda de ropa que se encuentra con una chica tímida y joven que está cerca de la edad de la escuela secundaria, puedes centrarte en esta observación para empezar. Podrías declarar o preguntar con confianza si ella tiene un evento próximo. Tampoco está de más estar al tanto de los grandes eventos escolares cercanos, ya que puede haber un baile para el que quiera prepararse. Puede asentir con la cabeza o encogerse de hombros. Cualquier respuesta no es un no. Después, podrías seguir adelante y preguntarle si quiere llevar algo que llame la atención de cierta persona. Como es tímida, puede que le resulte difícil hablar de sus sentimientos con el chico guapo de su clase de matemáticas. O, puede que incluso quiera parecer agradable para sentirse superior a esa chica que la intimida por su aspecto. De cualquier manera, esta vaga afirmación será técnicamente correcta. Con toda esta información, puedes deducir que ella querrá verse elegante. Echando un vistazo a la ropa que lleva puesta actualmente te dará una pista de su preferencia con respecto al estilo. Si lleva mangas largas y pantalones holgados, no se sentirá inclinada a llevar algo revelador. Puedes trabajar con esto de dos maneras. Podrías persuadirla de que compre el vestido con la espalda baja y sin mangas explicándole lo segura que se verá mientras que el amarillo resalta el color de sus ojos, o podrías tomar el enfoque más seguro y encontrarle un lindo vestido con mangas largas y cuello alto. Todo este tiempo, la chica nunca te dijo lo que realmente quería o por qué necesitaba un vestido, pero aprendiste lo suficiente para hacer la venta de todos modos.

La lectura en frío no sólo es útil en los escenarios de los vendedores y en los trucos de salón. También puedes usarla para ganar un favor, sorprender a alguien para que haga lo que tú quieras, y aprender lo suficiente sobre otra persona para usarla en tu beneficio. En el capítulo cinco, se profundizará en más ejemplos de cómo puedes usar la lectura en frío para influenciar a la gente a tu manera.

Capítulo 4: Análisis

En cualquier tipo de táctica de persuasión, el análisis de la gente es la clave para acertar o fallar cuando se trata de éxito o fracaso. Puedes analizar a una persona por su elección de palabras, su comportamiento, sus vibraciones, su lenguaje corporal, e incluso su apariencia. Cada uno de ellos se explicará en detalle en este capítulo, así como ejemplos e historias sobre cómo puedes aplicar estos conocimientos por ti mismo. Recuerda, incluso si un truco de persuasión no establece explícitamente observar a la persona, aún así deberías hacerlo, ya que la mejor información que podrías obtener es a través del análisis. Puedes conocer el estado de ánimo de una persona, parte de su historia, algunos rasgos de su personalidad, e incluso su actitud ante diferentes situaciones simplemente observándola. Es importante entender el análisis, así que absorbe esta información y llévala contigo al capítulo final, donde aprenderás a utilizar todas estas técnicas de persuasión.

Manipulación

Elección de palabras

Las palabras que la gente elige usar en una situación determinada pueden decir mucho sobre ellos, como sus pensamientos, sentimientos y actitudes. La estructura con la que una persona enmarca sus frases escritas o habladas son indicadores clave de lo que pensó o sintió del evento hablado, e incluso de quién es como persona. Si se presta atención a las palabras elegidas que no fueron necesarias para formar una oración correcta, se notará que hay una variedad de opciones que esa persona podría haber elegido. El hecho de que hayan optado deliberadamente por una determinada palabra dice mucho sobre quiénes son y qué piensan. Por ejemplo, la frase "Trabajé en el papel" puede ser cambiada de varias maneras. Todos dirán, claramente que alguien trabajó en un papel, sin embargo, cada variación le dirá lo que pensó del acto, y lo bien que lo realizó. Si esa persona dijera: "Trabajé duro en el papel", la palabra "duro" indica que se enorgullece del trabajo que hizo. Esta persona se esfuerza por el éxito y se fija metas para alcanzarlas. Este papel fue visto por esta persona como un desafío que asumió y se esforzó por superarlo. Por otro lado, si alguien dice, en cambio, "Trabajé en el estúpido papel", está mostrando un gran resentimiento. Tal vez se trate de un estudiante de una clase que no le gusta y que apenas se sintió inclinado a reconocer el trabajo, y mucho menos a esforzarse en él. Esta persona es probablemente del tipo que prefiere dedicar su tiempo a algo que le gusta y encuentra poco valor en un trabajo que no le beneficia inmediatamente. A diferencia del trabajador duro mencionado anteriormente, esta persona es más laxa en su ética de trabajo y tiene éxito en otras áreas de la vida que en la académica.

Diferentes declaraciones crean diferentes significados. Afirmaciones simples como "Me gané un premio" sugieren que esta persona cree que el éxito se gana y no se da, frente a la afirmación común de "me gané un premio". Puedes aprender mucho sobre una persona escuchando lo que elige decir. Por ejemplo, cuando todavía estaba en la escuela secundaria, observé a una joven apenas más joven que yo en ese momento. Ella estaba discutiendo sobre un profesor con un pequeño grupo de estudiantes. El trío era muy ruidoso con sus declaraciones, lo que indicaba que no les importaba la posibilidad de que los demás las escucharan, ni les preocupaba que tales opiniones pudieran volver sobre ellos. La chica se puso de pie con un desafío en su lenguaje corporal, algo que se discutirá más adelante, y mantuvo la cabeza alta. Dijo: "El Sr. Borrock es un imbécil. No sé quién le dio el título de profesor, pero no sabe de qué habla". A lo que la chica que estaba de pie justo enfrente de ella se rió y respondió: "Lo sé. Me transferí a la clase de la Srta. Ally porque ella es mucho mejor. ¡Ni siquiera califica la tarea! Si la entregas, obtienes una A. Mucho mejor que Borrock".

Por supuesto, cambié los nombres por razones de seguridad, pero las declaraciones en sí son lo importante. Usando sólo la declaración de la primera chica, puedes imaginar que ella valora su propia opinión sobre la de los demás. Ella deliberadamente usa un lenguaje degradante al describir a su maestro, e incluso denuncia su credibilidad en la enseñanza. Al afirmar que el

Sr. Borrock "no sabe de qué habla", ella insinúa que no aprende nada de sus enseñanzas. Esta declaración apunta a una arrogancia, y una falta de respeto a la autoridad. La segunda chica está de acuerdo con la primera, sin embargo, su opinión sobre la situación es muy diferente. Ella se jacta de que la Srta. Ally es mejor profesora, sin embargo esta afirmación no está respaldada por su método de enseñanza y lo mucho que está aprendiendo en su clase. Ella prefiere a esta maestra que es más casual en su estrategia de calificación. Estas palabras indican que ella se enorgullece poco de su educación y encuentra poco o ningún valor en el aprendizaje. Debido a que esta conversación surge del grupo de estudiantes que se alimentan de los comentarios de los demás, todos son de naturaleza gregaria y se sienten más cómodos y seguros para revelar sus opiniones en grupo.

Hay muchas otras formas de leer las palabras y frases que la gente elige usar. Siempre hay que estar atento a la diferencia entre frases como: "Me gusta" y "Me gusta", ya que "gustar" es una palabra muy general que puede variar de significado. A menudo se utiliza como una palabra de colocación para la falta de emoción real. Si te gusta algo, puedes ir desde tolerarlo hasta disfrutarlo. Sin embargo, sin una indicación real, normalmente indica lo primero. El cariño, sin embargo, es una emoción verdadera. Si te gusta alguien, disfrutas estando con él. Otras diferencias son: "Te compré un regalo" y "Te compré otro regalo", ya que la palabra "otro" indica resentimiento o insinúa fuertemente la necesidad de gratitud. Esta es una fuerte muestra de una persona que necesita poder. Al aprender las palabras de la gente, las aprenderás.

Lenguaje corporal

Muchas profesiones requieren la necesidad de aprender el lenguaje corporal general. Los agentes en el campo de la justicia criminal deben saber la diferencia entre el comportamiento de alguien inocente, y el de un criminal. Los psiquiatras deben saber cómo sus sesiones hacen sentir a su cliente, por lo que deben saber la diferencia entre una persona con la cabeza gacha y los ojos ocultos, y alguien que hace contacto visual abiertamente. Cualquiera que sea la razón, el estudio del lenguaje corporal no es raro. Aún así, es importante cuando se trata de persuadir a alguien. Si una persona es rígida y mira hacia abajo, no es un buen momento para pedirle algo, ya que está custodiada, y su mente está en otra parte. Si te mira con los hombros relajados y su cuerpo está frente a ti, sin embargo, confía en ti y está genuinamente interesado en lo que dices. Este es un momento preferible para pedir un favor que el ejemplo anterior. Si alguien está sentado frente a ti, puedes decirle su opinión sobre ti basándote únicamente en cómo está sentado. Por ejemplo, si sus brazos están cruzados, se sienten incómodos. Si se alejan de ti, no les importa mucho tu presencia. El hecho de que alguien te mire o no constantemente es siempre un gran indicador, ya que el contacto visual es importante para una conversación en muchos países. Si esta persona se está cubriendo las manos de alguna manera, ya sea metiéndolas en sus bolsillos, sosteniéndolas en su regazo bajo la mesa, o doblándolas detrás de su espalda, normalmente significa que está escondiendo algo. Si una persona se está hurgando las cutículas o las uñas, mordiéndose los labios o las uñas, o moviéndose en su asiento, está mostrando incomodidad. Esto se puede crear a partir de una mentira, nerviosismo en una situación incómoda, o un tema de conversación difícil.

Por ejemplo, si tienes una conversación casual con alguien, y se inclina ligeramente hacia ti, y te mira a la cara, se interesa y participa en la conversación. Sin embargo, si le preguntas un asunto personal del que esta persona prefiere no hablar, puede rascarse la nuca, morderse el labio o pasar el pulgar por la otra mano. También puede mirar hacia abajo, y sus hombros se encorvarán hacia adelante de una manera que se considera que se curvan en sí mismos. Estos signos indican que el sujeto está incómodo, y posiblemente fuera de los límites en ese momento. A menos que declaren que les gustaría continuar, es mejor llevar al sujeto a un lugar más seguro hasta que la relación se desarrolle más. Si alguien siente que su privacidad es invadida, lo bloqueará y tendrá que volver a desarrollar la relación que había construido.

Comportamiento

El comportamiento de una persona o un animal te dice mucho sobre ellos. En la naturaleza, los expertos observan ciertos comportamientos para estudiarlos y comprender mejor al animal salvaje y su forma de vida. Un especialista en vida silvestre puede observar cómo los cachorros de guepardo jóvenes luchan entre sí y le explicará que están jugando de una forma productiva para sobrevivir, ya que se están entrenando para luchar y cazar. Un león adulto a menudo simulará ser dañado cuando su hijo los ataque juguetonamente para promover el instinto y la habilidad de cazador. El pequeño de una camada puede ser excluido de la familia en ciertas actividades, ya que es una carga y el eslabón más débil. Estas mismas observaciones también pueden dirigirse a los humanos. Un ejemplo es la disputa común de los hermanos. Como hermano mayor, personalmente creo que, como regla general, los hermanos menores pueden ser vistos

Manipulación

a una milla de distancia. Tienden a hacer oír sus quejas más fuerte que los hermanos mayores, y crecen para ser mucho más competitivos. Una persona que nació como el hermano menor también puede ser más laxa en su ética y en su afán de ser productiva, ya que los padres no suelen ser tan estrictos en su disciplina cuando nacen los niños más pequeños. Sin embargo, he conocido a muchas personas que juran que saben cómo es un hermano mayor. Me han dicho que los hermanos mayores actuamos como los padres de todos los que nos rodean, ya que fuimos los niñeros natos de la familia. También me han dicho que, con el resentimiento hacia la paternidad laxa de los hermanos menores, tendemos a necesitar control. Personalmente no lo veo, lo cual es una señal obvia de que debe aplicarse a mí también.

Además del orden de nacimiento, también puedes aprender los deseos a partir de los comportamientos. Una vez caminé por el centro comercial con un par de amigos míos. Ambos eran mujeres. Al pasar por una tienda llena de personajes de dibujos animados y videojuegos, los tres corrimos por la puerta y casi gritamos a cada objeto con un personaje que nos gusta que aparezca en él. Mi amigo más bajito insistió en comprar amuletos de amistad que producen una obvia excitación en todos nosotros. Un mes después, pasé por esa misma tienda con un amigo cuyo interés no podía diferir más que el de mis compañeras. No queriendo parecer infantil, no miré esa tienda a propósito ni hice ningún comentario sobre ella. Si hubiera prestado atención, mi amigo habría notado mis hombros y espalda más rectos, mis manos cruzadas y mi repentina falta de interés en mi entorno. Siendo una persona curiosa por naturaleza, a menudo miro a mi alrededor. Mi deseo que podría haber sido notado, en ese momento, era ocultar algo de mí mismo a mi amigo.

Los comportamientos también pueden ser sutiles. Los mecanismos de afrontamiento son comportamientos que, como se mencionó en el capítulo uno, aparecen a partir de un trauma. Si una persona es naturalmente fría hacia los hombres mayores y actúa aún más a medida que se integra en la vida de esa persona, podría haber tenido una relación rota con su padre, un tío cercano o una figura paterna en su vida. La amiga que mencioné en el capítulo uno, a la que persuadí de ver a su padre moribundo comportarse así con los hombres mayores. Cuando se acercaba a un hombre amistoso sus ojos se estrechaban, sus hombros se encorvaban, y ella mantenía tanta distancia como podía sin parecer completamente grosera.

Debido a que los comportamientos se desarrollan con el tiempo, tienden a indicar información más profunda sobre una persona que las otras técnicas de análisis. Sabrás lo que realmente hace que esta persona marque si observas lo suficiente.

Vibras

Siempre habrá un debate sobre si las "vibraciones" existen o no y lo que realmente son. Muchos las niegan como un concepto inventado de esos mismos usuarios mágicos que manipulan a la gente con su lectura fría. Otros lo descartan como una tontería en la que la gente elige creer. La verdad universal, sin embargo, es que la gente emite un sentimiento cuando estás a su alrededor. Como quieras llamarlo, está ahí. Algunas personas emiten vibraciones que te hacen sentir más feliz y generalmente mejor que antes de estar a su alrededor. Esas personas tienden a tener muchas otras a su alrededor porque la sensación es contagiosa. Estas personas suelen ser gregarias y sonríen a menudo. Otras personas, por otro lado, son conocidas en comunidades más espirituales como "Vampiros de la Energía". La presencia de estas personas tiende a "chupar" la sensación de los demás. Estas personas tienden a llevar un humor oscuro con ellos, y a menudo mantienen sus cabezas abajo e incluso hablan con intenciones negativas. Un Vampiro Energético puede hacer frecuentemente comentarios secundarios como "Ella es tan chupamedias" con respecto a una persona más amistosa que pregunta a otra si necesita ayuda. Es importante aprender cuáles son tus vibraciones para saber cuán accesible eres y si exudas o no ese sentimiento de positividad que atrae a la gente.

Apariencia

Por extraño que parezca, la apariencia puede decir mucho sobre alguien. Aunque la frase "no juzgues a un libro por su portada" ha circulado por la mente de todos desde la infancia, realmente puedes aprender mucho sobre ese libro simplemente mirando la portada. Si ves a un hombre sentado en una cafetería con un traje bien planchado y el pelo bien peinado sobre su cabeza, puedes asumir con seguridad que es un hombre que se preocupa por las opiniones de los que le rodean. A menos que esté esperando pacientemente a otro hombre para una reunión, no tiene obligación de vestirse como lo hace. La gente que se preocupa tanto por su apariencia también suele adoptar una postura elevada y poner valor y orgullo en su trabajo. También pueden prosperar con los grandes elogios cuando se trata de sus carreras y seguir las reglas sociales como llegar temprano, practicar la diligencia y siempre ser paciente. Esta es la razón principal por la que es una regla conocida vestirse de manera profesional para cualquier tipo de entrevista de trabajo, sin importar el código de vestimenta una vez que eres contratado.

Por otro lado, una persona que se viste de manera más informal pone la comodidad por encima de la apariencia exterior. Esta persona puede cuidar sólo de las comodidades o placeres personales cuando todos los demás deberes han sido atendidos o no hay responsabilidades inmediatas que le quiten su tiempo. Aunque esta persona puede poner esfuerzo en su trabajo, puede tender a tomarse su tiempo y no priorizar frecuentemente el trabajo por encima de todo. Esta persona puede llegar tarde a los eventos o distraerse con frecuencia.

Por supuesto, no es prudente hacer inferencias sobre alguien sólo por su apariencia. Es simplemente una herramienta que se puede combinar con los otros métodos descritos en este capítulo. Por ejemplo, digamos que una mujer está en una tienda de comestibles con una simple camisa manchada y pantalones de chándal y su pelo es lanzado fuera del camino sin importarle cómo se ve. Está empujando un carrito lleno de pañales, juguetes para niños, ingredientes para

Manipulación

hacer una comida, y el cansancio está escrito en su cara. Sólo con la ropa, podría parecer perezosa e indiferente. Sin embargo, si se consideran los productos para niños de diferentes edades así como los comestibles, es seguro asumir que está presionado por el tiempo y los recursos. La apariencia no es una de sus prioridades.

Por otra parte, si esta misma mujer estaba de pie en un pasillo sin ninguna urgencia, comprando poco, visiblemente nerviosa, y emitiendo las vibraciones asociadas a un Vampiro de la Energía, eso podría ser una historia diferente.

Puedes elegir juzgar un libro por su portada, sin embargo es importante probar un par de páginas así como la descripción para asegurarse antes de decidir si lo compras o no.

Capítulo 5: Persuasión

A estas alturas, ya has aprendido los fundamentos de la PNL, la persuasión subliminal, la lectura en frío y diferentes aspectos del análisis que puedes utilizar para entender y conocer a las personas sin interactuar con ellas directamente. Ahora, la pregunta es, ¿cómo puedes usar realmente estas habilidades para manipularlos para que hagan tu voluntad? Bueno, hay muchas maneras diferentes de incorporar todas estas habilidades sin riesgo ético o moral para ti mismo. Este capítulo explica diferentes trucos para persuadir realmente a otro que incorporará todo lo que has aprendido de este libro. Hay diferentes maneras de abordar una situación, y cada una requiere una táctica o enfoque diferente. Es importante conocer múltiples formas de persuadir a otros, y en este capítulo se proporcionan ejemplos de estas situaciones. Sin embargo, es importante recordar estas reglas que se aplican a cada truco de persuasión.

Manipulación

Sé observador

No puedes llegar a ninguna parte si no prestas atención a tu entorno, a la situación o, lo que es más importante, a la persona a la que intentas persuadir. El estado de ánimo, el comportamiento y la situación deben ser apropiados para el momento para que el truco sea afectivo. Recuerde cómo leer el lenguaje corporal y saber cómo leer a esta persona antes de intentar manipularla para que haga algo. Por ejemplo, en una táctica que se describirá en este capítulo, la clave del éxito es mantener a la persona centrada en la conversación. Si no está prestando atención a la pasión y la atención necesarias para que el truco funcione, será atrapado y su éxito es poco probable. La atención y la observación es la clave de la manipulación.

Honestidad y confianza

Nadie va a seguir el consejo o la sugerencia de alguien en quien no confíe. Incluso si la situación no requiere una relación de comunicación o una relación pre-desarrollada, tienes que parecer digno de confianza. Recuerde los indicadores de incomodidad y mentira cuando se trata de lenguaje corporal y evítelos cuando hable. Si estás diciendo una verdad a medias o incluso mintiendo para conseguir lo que quieres de alguien, no puedes hacerlo mientras sostienes las manos detrás de la espalda y cambias tu peso de un pie al otro. Si puedes, sé genuinamente honesto, especialmente si la otra persona no lo espera. Si pareces digno de confianza y confiable, la gente responderá en consecuencia.

Ahora que sabes todo lo que necesitas para el éxito, a continuación se enumeran diferentes ejemplos de cómo puedes persuadir a alguien para que haga lo que tú quieres. Estas técnicas van desde pequeños favores a grandes ideas, y cada una de ellas ha sido extraída de una fuente diferente. Tendrás una táctica para cada ocasión, y si sigues las reglas enumeradas anteriormente y recuerdas todo el conocimiento que has obtenido en este libro, tendrás éxito y obtendrás todas las ventajas que necesites para conseguir lo que deseas.

Sobrevender tu idea

Una táctica de PNL usada a menudo en la industria de las ventas es usar la pasión intensa para exagerar la idea de que quieres venderle a alguien. Es una práctica común vista por cualquiera que trate de vender un producto, y funciona. Me han obligado a comprar algo de lo que me he arrepentido muchas veces basado en la técnica de venta. Todavía estoy molesto porque esa crema para la piel no me dio una piel perfecta. Cuando exageras los beneficios de una idea y pones énfasis en los puntos principales que podrían venderla, tu lógica parece sólida y es difícil de discutir. Si alguien no necesita algo realmente, no le digas *que lo necesita*, explícale *por qué lo necesita*. Ni siquiera te acerques a la idea de darles la opción. Si quieres que alguien done a tu organización favorita, diles cómo hacerlo les beneficiará tanto como a la propia organización. Prepáralos para que sigan adelante antes de que sepan qué es lo que quieres proponer. Esta técnica funciona bien cuando quieres que alguien tome algo, por lo que se enseña a todos los vendedores y se utiliza en los anuncios. También funciona bien con la técnica opuesta, que es simplificar demasiado la idea.

Simplifica demasiado tu idea

Si la idea es complicada y tiene inconvenientes, podría ser beneficioso simplificarla en exceso. La simplificación excesiva, por definición, es dejar fuera la información y simplificar lo que se incluye hasta que se distorsiona. Para hacer esto en la persuasión, usted ajusta lo que debe explicar cuando se trata de su idea. Si quieres que alguien tome lecciones de artes marciales contigo, pero sabes que no le importan mucho los golpes y moretones, podrías probar esta técnica. Describe los beneficios de aprender un arte marcial. Podrías explicar cómo estarás más activo y en forma, tendrás los medios para defenderte en caso de emergencia, y aprenderás movimientos para lucirte si se presenta la ocasión. Tal vez ofrecerte a mostrar algunos videos de técnicas exitosas de artes marciales que son visualmente atractivas. Si usas suficiente pasión cuando vendes tus puntos, la idea de una lesión menor puede que ni siquiera se le ocurra a tu amigo. Aunque, en el caso de este ejemplo, puede que no te lo agradezcan después.

Ponte en una posición neutral

Si es posible, mantenga la ilusión de neutralidad y limite cualquier sesgo percibido. Por ejemplo, si la novia de su amigo le ha estado rogando que se corte el pelo durante un tiempo, para que le busque una segunda opinión, no debe expresar ningún interés real. Si tienes una disputa con el largo de su cabello, podrías decir que de cualquier manera no te importa, sin embargo, el largo indicado en la foto de su novia enmarcaría bien su rostro, y en el clima caluroso que se avecina prevendrá un posible golpe de calor. Usar palabras con reacciones específicas ayuda. En este caso, la palabra "sin embargo" lleva a la gente a centrarse más en lo que se dijo después que en lo que se dijo antes. Al aportar puntos lógicos y comportarse como si su opinión fuera completamente sin motivo, su amigo probablemente optará por el corte de pelo, y su novia puede incluso deberle un favor.

Cambia el entorno a tu favor

Los estudios han demostrado que el entorno en el que se encuentra alguien puede tener un impacto en sus decisiones. Esto vendría como una forma de persuasión subliminal. Por ejemplo, si necesitas desesperadamente un compañero de estudio para un próximo examen, no deberías preguntarle a tu compañero preferido en el centro comercial. El centro comercial está rodeado de actividades divertidas, luces brillantes, música y otras distracciones. Sin embargo, si le preguntas en un ambiente que estimule la idea de estudiar en su cerebro, como la biblioteca, es más probable que esté de acuerdo contigo. Mejor aún, si de alguna manera puedes introducir un lápiz y un libro de texto en la atmósfera, casi te garantizas de ganar su respuesta. Los estudios han demostrado que el cerebro funciona de manera diferente en diferentes ambientes, por lo que puede ser difícil reconocer a un compañero de trabajo o un compañero en un supermercado. Si quieres que alguien haga una transacción comercial, tu éxito es más probable si hay un maletín y una pluma estilográfica dentro de su visión, ya que estos artículos tienden a hacer aflorar el deseo de dinero en las personas.

Habla rápido.

Si te encuentras atrapado en una discusión que planeas ganar, acelera tu discurso. Si hablas rápido, suenas más preparado con los argumentos, y tu oponente tiene mucho menos tiempo para pensar en una respuesta coherente, ya que se centra en procesar tus argumentos en su lugar. La otra persona se pondrá nerviosa en su confusión y se tropezará con sus argumentos. Eventualmente dejarán su lado del desacuerdo por frustración y usted saldrá victorioso. Estén atentos a los signos de irritación y frustración en su cara. Si ven estos signos, están cerca de ganar.

Persuadirlos antes de tiempo

Si usas la persuasión subliminal y la PNL para proporcionar ideas de que alguien debe hacer algo o que se destaca en un área determinada que necesitas que sea, lo creerán. Si haces esto con anticipación, cuando llegue el momento de pedir ese favor o proponer la idea, ellos querrán seguir adelante. Sin embargo, recuerde las reglas de la persuasión subliminal. Las ideas no deben parecer que vienen de ti. Señale los objetos que pueden poner la idea en su cabeza, o, juegue su reacción de asombro siempre que se plantee la idea de que ellos hagan el acto. Por ejemplo, si quieres que alguien pinte tu sala de estar, puedes dirigirlo hacia un ambiente creativo y llamar la atención sobre un rodillo de pintura. Podrías recogerlo y observarlo, pararte cerca de él un momento, o incluso mirarlo durante un largo período de tiempo. Si se interesan por el objeto, como recogerlo o mirarlo pensativamente, enfoca tu reacción. Actúen interesados en la idea de que pinten una pared. Luego, cuando haga la solicitud, refiérase a ese momento y explique por qué cree que son perfectos para el trabajo. El ambiente, el análisis del lenguaje corporal y la persuasión subliminal entran en juego aquí.

En caso de duda, cobra un favor

Como se mencionó brevemente en el capítulo uno, a nadie le gusta estar en deuda con alguien.

Manipulación

La forma más fácil de pedir un favor, es proporcionar uno de antemano. Si ayudas al éxito de alguien de alguna manera, o lo sacas de una situación difícil, se sentirá inclinado a devolver este acto de bondad más tarde. Si te has pintado como una persona honesta y genuina como se describe en la táctica de la PNL, el acto se sentirá genuino. Aquellos a quienes se les ha dado algo de una persona generosa siempre sienten la obligación de devolver el favor. Sin embargo, es mejor incorporar la persuasión subliminal, y no decir abiertamente que te deben un favor. Nada hace que un acto amable parezca más benevolente que uno desinteresado sin reciprocidad. Por ejemplo, podría comenzar la declaración con: "¿Me harás un favor?" En lugar de pedirles directamente que hagan el favor. Debido al favor o favores anteriores que les has hecho, te responderán antes de que sepan cuál es. Este truco es especialmente útil si crees que no disfrutarán de la petición.

Las sorpresas.

Esto puede hacerse de múltiples maneras. Una manera de sorprender a una persona para que cumpla, es mostrar lo que sabes, o tal vez lo que no sabes, sobre ellos. Es una excelente oportunidad para probar una lectura en frío y mostrar tus habilidades de análisis. Si sabes mucho sobre alguien, debes haber prestado atención y cuidado genuino. Si haces esto, y no das el otro tiempo para pensar en la acción que acaba de ocurrir, es probable que hagan lo que sugieras sin pensarlo dos veces. Sin embargo, no uses esta táctica a menudo, ya que un acto impactante no es tan impactante si se hace varias veces. Por ejemplo, podrías sorprenderlos con su comida favorita o hacer un comentario sobre un interés suyo que mencionaron de pasada en una ocasión.

El chantaje existe

A menudo un acto desesperado que probablemente pierda la confianza que has construido en alguien es el chantaje. Debido a

Manipulación

que es tan arriesgado, y muestra una vena mezquina, es mejor evitar el chantaje por completo. Sin embargo, si es absolutamente necesario, tienes las habilidades para hacerlo de manera efectiva. Con la lectura en frío, puedes obtener información de la persona que deseas chantajear. Una extraña mancha de lápiz labial en la cara de tu amigo, una mentira que escuchaste a alguien hablar y que podrías amenazar con compartir o usar una declaración vaga sobre algo que podrían haber hecho y de lo que no sabes nada, mientras les permites rellenar los huecos y "darse cuenta" de lo que quieres decir. Sin embargo, estos mismos trucos pueden ser usados bajo la categoría de ganarse un favor. Podrías insinuar que notaste ese lápiz labial o escuchaste esa mentira, y prometer que guardarás sus secretos. También podrías usar el mismo truco de insinuar que sabes lo que realmente no sabes de la misma manera. No sólo mantendrás la relación que necesitas para ganar más favores de esta persona, sino que no te ganarás una reputación desagradable que podría impedir una mayor manipulación de otras personas. Recuerda, un aspecto importante de la persuasión es parecer digno de confianza.

Lo que la gente hace subconscientemente

Un simple truco que he usado personalmente es distraer a alguien mientras lo guías a hacer algo. Estos actos deben ser simples, y necesitarás un poco de memoria muscular por parte de la otra persona. Podrías entablar con ellos una conversación sobre algo que les apasione o les interese. Manténgase involucrado en esta conversación y manténgalos en marcha. Si quieres que sostengan algo, abran una puerta o realicen otra tarea simple, puedes guiarlos al acto mientras mantienes la conversación. Sin darse cuenta, su compañero hará lo que usted desea subconscientemente. Puede que no sea una manipulación extravagante, pero puede hacer su vida más sencilla si ha ido de compras con esta persona y quiere que lleve las bolsas o quiere que le sostenga el café. Guiarlos al acto tiene que ser sutil, ya que su enfoque debe permanecer en la conversación. Para cuando se dan cuenta de lo que ha pasado, el acto suele haber terminado, si

Manipulación

es que se dan cuenta. Por ejemplo, conozco a alguien que tiene más pasión por un videojuego en su dedo meñique que la mayoría de la gente en todo su cuerpo por cualquier otra cosa. Caminando hacia su casa, no tenía ganas de sostener la bolsa que había llevado conmigo. De manera casual saqué a relucir la conversación de este juego y vi cómo se le iluminaban los ojos. Su cabeza se hizo más alta y su postura era más relajada. Cuando empezó a hablar, le hice algunas preguntas para que siguiera adelante. Observé la oportunidad cuando su mano se extendió hacia mí mientras me explicaba un concepto y se lo entregué. No pareció darse cuenta mientras continuaba describiendo con entusiasmo una raza ficticia de elfos. Simplemente continuó sosteniendo la bolsa mientras hablaba hasta su casa. Si le hubiera pedido que sostuviera mi bolso sin usar la persuasión, podría haberlo hecho, pero aún así hay una posibilidad de que no lo hiciera.

Cambia el teléfono.

Cambiar tanto la elección de palabras como la longitud de la frase aumentará sus posibilidades de obtener un "sí" para la petición que está pidiendo. Usar frases con "yo" en lugar de frases con "tú" o "no" en lugar de "no puedo" llevará a la persona que está solicitando a llegar a la conclusión por sí misma. Esta es una forma de persuasión subliminal, ya que no se pide directamente lo que se quiere. Por ejemplo, la frase "¿Irás a la tienda departamental?" No suena tan atractivo como "Estoy tan agotada, y todavía tengo que ir a los grandes almacenes". Si te haces la víctima y apareces necesitado de ayuda, la otra persona podría venir a rescatarte. Esto es especialmente cierto si les has hecho un favor recientemente. Cambiar la longitud de la frase es tanto un truco de autor como un truco de orador para mantener a la audiencia involucrada. Si alternas entre oraciones largas y breves, tu declaración suena más atractiva para el oído, y suenas más seguro. Los autores cambiarán la longitud de las oraciones cuando describan una escena para dar a los lectores un descanso de las oraciones largas por un momento. Es difícil seguir un gran bloque de palabras, incluso si es hablado. También es importante usar descripciones de palabras atractivas en lugar de frases simples. Convencer a alguien de que coma alimentos orgánicos es más posible si se usan palabras como "todo natural" en lugar de la simple "saludable". Por eso los anuncios excluyen, generalmente en letras grandes, descripciones cargadas de su producto.

Imita el lenguaje corporal

Mencionado brevemente en el capítulo uno, reflejar el sutil lenguaje corporal de una persona es una técnica persuasiva que puede aumentar las posibilidades de conseguir lo que se quiere. Cuando alguien ve familiaridad en ti, incluso a nivel subconsciente, responderá más positivamente a tus peticiones. Puedes reflejar el lenguaje corporal de una persona mientras utilizas cualquier otra técnica, de modo que puede actuar como la cereza en la cima que te dará lo que quieres. Por ejemplo, si has desarrollado la compenetración necesaria con esta persona, has establecido el ambiente como lo necesitas, y aún así sientes que necesitas un empujón extra para llevar la idea a casa para ellos, observar su movimiento y estudiar la forma en que se mueven. ¿Se sacan el pelo de los ojos? Tal vez rueden sus hombros a menudo. ¿Se han descruzado y vuelto a cruzar las piernas varias veces? Los pequeños movimientos que no se dan cuenta de que están haciendo deben ser el foco principal cuando se copia su lenguaje corporal. Si ven algo de sí mismos en ti, a nivel subconsciente, confiarán más en ti y estarán más abiertos a tus sugerencias.

Presta atención

Esto puede parecer una idea demasiado simple, sin embargo presta atención a alguien. Si usted acaba de escuchar lo que la otra persona está diciendo y utiliza su propio lenguaje corporal para mostrar que estaba escuchando e interesado justo antes de hacer su solicitud, es más probable que lo persuada. La gente quiere ser escuchada. Si sienten que usted ha escuchado y se preocupa genuinamente por lo que tienen que decir, serán más receptivos a usted. Puedes hacer esto enfrentándote a ellos con tu cuerpo mientras hablan y haciendo contacto visual con ellos. Asiente con la cabeza en los momentos apropiados y haz preguntas. Es importante poner a trabajar tus habilidades de análisis en este momento también. ¿Están respondiendo positivamente a sus esfuerzos? ¿Parecen estar involucrados en la conversación? ¿Su estado de ánimo es apropiado para la petición? No te beneficiará pedirle un favor a alguien que te acaba de contar la muerte de su gato favorito. Mantén la conversación ligera, pero asegúrate de que la otra persona esté comprometida y se preocupe por lo que dice.

Aprovechaa la confusión

Los humanos son criaturas habituales. Por naturaleza, todos tendemos a seguir algún tipo de rutina, y cuando falla, nos revolvemos. Cuando esto sucede, una persona tiende a aferrarse a la acción más cercana que puede tomar en medio de su confusión. Si esto ha sucedido, y la persona está un poco perdida, puede aprovechar el momento para sugerir un curso de acción que sea preferible para usted. Es probable que tome cualquier tipo de dirección que pueda conseguir para volver al camino, por lo que tomará la sugerencia más fácilmente que si fuera de mente clara. He aquí un ejemplo de esta técnica persuasiva. Tu amigo siempre va a un restaurante específico para almorzar el viernes. Este viernes, ha pedido que la acompañes para ponerse al día. No te importa mucho el menú, y la última vez que cenaste allí te sentiste mal esa noche. Sin embargo, tu amiga es inflexible y ambos están en camino. Afortunadamente, ella también conduce en la misma dirección a este restaurante todos los viernes. Hoy, hay un desvío inesperado debido a la construcción y su amigo está visiblemente sorprendido. Ahora sería el momento de sugerir un lugar diferente. Hable con calma y sugiera un lugar al que pueda navegar en estas nuevas circunstancias. Su amiga se verá obligada a escapar de la confusión en la que se ha encontrado. Tendrá su elección de restaurante, y su amigo le agradecerá su ayuda.

Mentira

Cuando se utiliza la mentira como técnica de persuasión, es mejor no hacerlo con alguien con quien se ha estado construyendo una relación. Mentir es mejor usarla con alguien con quien no has construido los cimientos básicos de la PNL y probablemente nunca lo harás. La razón es que aquellos que conocen tu reacción básica y tu lenguaje corporal pueden detectar los comportamientos ansiosos de una mentira mucho más fácilmente que alguien que acaba de conocerte. Al mentir, necesitarás utilizar tus habilidades de lectura y análisis en frío más que la PNL o la persuasión subliminal, ya que estas habilidades pueden ser utilizadas desde lejos. Preste atención a su comportamiento y observe sus reacciones. ¿Hay sospechas escritas en sus ojos? Esto puede verse como tensión en la frente, labios fruncidos y ojos ligeramente entrecerrados. Si parecen creer su historia, su cara mantendrá el interés. No se moverán nerviosamente y ocasionalmente podrían asentir con la cabeza. Es importante prestar atención a su propio lenguaje corporal también. Recuerde, cuando alguien se aleja de otro, se percibe como incómodo, y si esconde sus manos de alguna manera, está escondiendo algo. Intenta no tocar tus manos juntas o esconderlas y mantén tu humor percibido ligero.

La paradoja de Ellsberg

Conocido por filtrar los documentos del Pentágono, Daniel Ellsberg comenzó su carrera estudiando la toma de decisiones. Su paradoja se explica con un ejemplo de dos urnas. La primera urna está llena de bolas negras y rojas de proporción desconocida. Podría haber una bola negra y el resto son rojas, podrían ser 50 de una y 50 de la otra, nadie lo sabía. La segunda urna era, con certeza, 50 de una y 50 de la otra. Se le pidió a la gente que adivinara el color que dibujaría antes de elegir la urna. El que lo adivinara ganaría 100 dólares y el que lo adivinara incorrectamente no obtendría nada. Lo que Ellsberg descubrió fue que la mayoría de la población eligió apostar antes de sacar de la urna conocida.

Lo que esto explica, es que la gente tiende a evitar los riesgos. Si usted presenta una opción a alguien, y proporciona todos los hechos de una, y admite algunos factores desconocidos a la otra, es probable que elija la opción que está completa, independientemente de los hechos. Puedes usar esto a tu favor si quieres influir en su decisión de una manera u otra. Un poco de engaño y simplificación excesiva puede incluirse en esta táctica, por lo que es importante recordar su lenguaje corporal y cómo lo percibe la otra persona.

Influencia del grupo

Hay una razón por la que las empresas muestran sus mejores críticas en un espacio visible de su sitio web. La gente a menudo basa sus decisiones en estadísticas, aunque sea una estadística basada únicamente en las opiniones de otros y no en ciencia o evidencia. Si un grupo o personas están dispuestas a estar de acuerdo con usted, es probable que esa última persona a la que está tratando de persuadir cambie su postura para que coincida con el voto de la mayoría. Puedes hacer esto de varias maneras, desde persuadir a los demás individualmente, o elegir a personas que ya sabes que estarán de acuerdo contigo para respaldar tu idea. Al igual que un grupo de ovejas se sucederá, los humanos también pueden caer en el complejo de grupo.

Presenta primero los puntos de venta más altos

En cualquier situación, la gente tiende a centrarse en la información que se le dio primero. Por eso los chismes están mal vistos, ya que es probable que la gente crea más en los falsos rumores que en los hechos, aunque se hayan presentado después. Si el primer punto de su idea es débil, la otra persona puede no seguir adelante, aunque los siguientes puntos sean lógicos y fuertes. Piense en su elección de palabras, y en el orden de las palabras cuidadosamente antes de presentar la idea. Use sus otras habilidades para asegurarse de que esta persona esté abierta a una nueva idea y llévala a casa ofreciendo los mayores beneficios desde el principio. Se centrarán en eso y es más probable que estén de acuerdo con usted. Este truco se mezcla mejor con otros, como el intercambio de favores, el complejo de grupo o la sobrevaloración de su idea.

Contrasta sus peticiones

A veces, si su solicitud es grande y probablemente será difícil de persuadir a alguien, puede empezar por hacer una más pequeña con antelación. Si le pide a alguien que le ayude con una cosa menor, como ir a la tienda por usted, puede hacerlo. Después, puedes facilitar el camino hasta la petición más grande que querías hacer originalmente, como guardar un gran secreto para ti o correr un gran riesgo. Inversamente, también puedes hacer que una pequeña petición parezca simple y lógica proponiendo primero un gran y probablemente ridículo plan. Podrías comenzar con algo escandaloso como recorrer una tienda o realizar un gran atraco. Después de que tu gran idea sea rechazada, puedes intentar el favor más pequeño y menos arriesgado. Porque el primero parecía más allá del razonamiento lógico, la segunda opción parecerá razonable en comparación, y la otra persona estará más inclinada a cumplir. Las tiendas y los comercios en línea usan este truco en forma de venta de señuelos. Pueden ofrecer tres opciones de un producto. Una tiene un precio decente, la segunda es cara, y la tercera es una combinación de las dos al mismo precio que la opción cara. ¿Cuál es el señuelo? La opción cara se coloca para aumentar el atractivo de la tercera opción, haciendo que parezca un trato que podría no haber parecido antes. Otra versión de este truco es cuando las tiendas frecuentemente tienen "rebajas" que en realidad contienen el precio real, con una versión mucho más grande del precio fijado como el valor original. ¿Quién no ha sido víctima de esta manipulación? Es difícil decir que no a un paquete de catorce pares de calcetines cuando están a diez dólares de descuento por un tiempo limitado.

Tiempo limitado

Otra táctica que usan las compañías y con la que puedes experimentar, es el truco del tiempo limitado. Es difícil dejar pasar algo que afirma que sólo existe por un tiempo limitado, ya que el estrés de no tener nunca más esa oportunidad te presiona. Puedes usar esto a tu favor y ofrecer una oportunidad a tu amigo como una oportunidad que no volverá. Por ejemplo, si quieres que tu compañero de trabajo llame para decir que está enfermo el mismo día que tú, puedes buscar eventos que ocurran ese día. Si ese compañero de trabajo se niega, o parece dudar en unirse a ti, puedes explicarle que hay un concierto de sólo bandas locales que tocan en el parque ese día y puede que no vuelvan a tocar nunca más. Ninguno de ustedes puede ser especialmente aficionado a las bandas locales, sin embargo el hecho de que no puedan venir de nuevo, al menos le dará a su compañero de trabajo una pausa. Si puedes encontrar una ocasión sensible al tiempo que atraiga a la otra persona, es aún más probable que obtengas lo que quieres de ellos. Cuanto más duden antes de responder, más considerarán la opción. Recuerde, también es beneficioso comenzar con los puntos de venta. Así que no empieces tu petición con, "Sé que nos pueden despedir, ¡pero no vayamos a trabajar mañana!"

La técnica de "Pero eres libre"

A la gente le gustan las opciones. El hecho de tener la libertad de elegir entre diferentes opciones, o de no optar por ninguna opción, les hace sentir que tienen más control sobre la situación y que es más probable que estén de acuerdo. Si desea convencer a alguien para que haga algo específico, puede presentarlo como una opción. Utilice sus otras habilidades y venda la idea. Haz que suene plausible y aplica cómo beneficiará a la otra persona tanto o más que a ti. Observa sus reacciones y mira si has captado su interés. Si todo va bien, entonces puedes llevarte la idea a casa usando una frase mágica al final. "Pero eres libre de no hacerlo". Como es una opción de elección, la gente responderá más positivamente y a menudo optará por realizar la acción basándose en el hecho de que tienen la opción. Por supuesto, es probable que hayan tenido la opción para empezar. Por eso la psicología funciona tan bien, porque el cerebro y la mente pueden ser engañados.

Manipulación

Usar una experiencia relacionada

Había dado un ejemplo de esta experiencia en el capítulo uno, cuando persuadí a una amiga para que visitara a su padre proporcionándole una historia de mi propia experiencia similar. A veces, la gente quiere tener la seguridad de que no están solos en una situación. Si se proporciona algún punto en común y se explica una anécdota relacionada con la situación que tiene un resultado positivo, la otra persona se inclina más a aceptar seguir con la suya. Si usted está presionando a alguien para que tome un trabajo arriesgado, explique el momento en que tomó el riesgo y cómo le benefició. Las historias de éxito llevan a muchas personas a correr riesgos. Recuerde que a la gente no le gusta arriesgarse con lo desconocido. Por lo tanto, proporcióneles información en la que basar su decisión.

Funcionó antes, funcionará de nuevo

Mucha gente cree que si algo funciona bien a su favor, la racha continuará. El juego es un negocio que se alimenta de esta creencia, ya que la gente que tiene la suerte de ganar en un juego, perderá todas sus ganancias al empujar esa suerte y jugar de nuevo. También puedes usarlo a tu favor, especialmente si quieres que alguien haga algo que ellos, u otra persona, ha intentado antes con éxito. Si le recuerdas a esta persona que la situación anterior fue favorable, es más probable que cumpla con tu lógica. Por supuesto, si esta acción se basó en la suerte, como es el caso del juego, las posibilidades de que resulte favorable no tienen correlación con el resultado anterior. Sin embargo, la otra persona puede no saber ese hecho, como muchos no lo saben.

Conclusión

Gracias por llegar al final de *Manipulación:- Psicología oscura-Cómo analizar a las personas e influenciarlas para que hagan lo que quieran usando la PNL y la persuasión subliminal*, espero que haya sido informativo y capaz de proporcionar todas las herramientas que necesitas para persuadir a la gente a hacer lo que deseas sin que ellos se den cuenta, y para hacer las elecciones psicológicas apropiadas para cada situación única.

El siguiente paso es tomar toda la información que has aprendido aquí y ponerla en uso de la manera que desees. Recuerda que manipular a alguien no siempre es aprovecharse de ellos. Este poder puede hacerle a otro un favor tanto como puede ser inmoral. Sin embargo, la forma en que decidas hacerlo depende sólo de ti. Recuerda que conocer el proceso de la PNL te permitirá entrar y manipular a alguien. Entender la persuasión subliminal te otorgará sutileza y te dará esa ventaja que necesitas para darles la idea sin que ellos sepan que no fue suya. Practica un poco de lectura en frío para sorprenderte y aprender aún más sobre una persona para que puedas conseguir lo que desees. Ya sea como un truco de salón para conseguir algo de dinero extra, o para obtener información. No olvides el conocimiento de analizar a la gente, ya que te asegurará que alcanzarás tus objetivos. Recuerda las reglas de la persuasión, que es acordarse de observar y parecer digno de confianza. Sin leer el lenguaje corporal y el comportamiento al menos, no tendrás tanto éxito en la persuasión con el resto de los conocimientos que has adquirido. Finalmente, pon todas estas habilidades juntas para lograr la última táctica de persuasión, como sea que decidas usarla.

Gracias.

Antes de que te vayas, sólo quería darte las gracias por comprar mi libro.

Podrías haber elegido entre docenas de otros libros sobre el mismo tema, pero te arriesgaste y elegiste este.

Así que, un ENORME agradecimiento a ti por conseguir este libro y por leer hasta el final.

Ahora quería pedirte un pequeño favor. **¿Podrías tomarte unos minutos para dejar una reseña de este libro en Amazon?**

Esta retroalimentación me ayudará a seguir escribiendo el tipo de libros que te ayudarán a obtener los resultados que deseas. Así que si lo disfrutaste, por favor házmelo saber.

www.ingramcontent.com/pod-product-compliance
Lightning Source LLC
Chambersburg PA
CBHW060032040426
42333CB00042B/2406